SMOOTHIES
mit Superfoods

heimisch & exotisch!

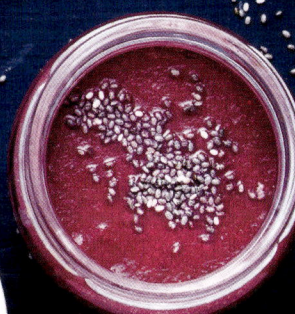

Irina Pawassar
Fotos von Brigitte Sporrer

EMF

EIN BUCH DER
EDITION MICHAEL FISCHER

Gewidmet Ute Margreff

IMPRESSUM

Bibliografische Information der Deutschen Bibliothek.

Die Deutsche Bibliothek verzeichnet diese Publikation in der deutschen Nationalbibliografie. Detaillierte bibliografische Daten sind im Internet über http://www.d-nb.de/ abrufbar.

EIN BUCH DER EDITION MICHAEL FISCHER

1. Auflage 2016

© 2016 Edition Michael Fischer GmbH, Igling

Covergestaltung, Illustrationen und Layout: Leeloo Molnár
Produktmanagement und Redaktion: Natascha Mössbauer
Fotos: Brigitte Sporrer, München

ISBN 978-3-86355-560-3

Printed in Slovakia

www.emf-verlag.de

REZEPTE

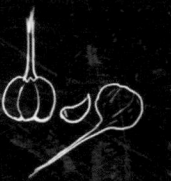

DIE GRUNDLAGEN

DIE SMOOTHIE-REVOLUTION

Smoothies sind aus der gesunden Küche nicht mehr wegzudenken! Per Knopfdruck entstehen aus frischem Obst und Gemüse ruck, zuck leckere und gesunde Getränke mit vielen wertvollen Inhaltsstoffen.

SMOOTHIE TRIFFT SUPERFOOD

Obstsmoothies, grüne Smoothies, geht es denn noch besser? Ja, denn nun treffen leckere Smoothies auf kraftvolle Superfoods! Diese sogenannten Superzutaten sind gerade in aller Munde. Sie haben einen besonders hohen Anteil an Nährstoffen und liefern dem Körper eine Extraportion Power! Neben frischen und saisonalen Zutaten bilden sie die Krönung in einer gesunden Ernährung. Und: Die Beeren, Körner und Samen machen einfach Spaß! Egal, ob heimisch oder exotisch: Beim Experimentieren kommt man so richtig auf den Geschmack und kann dabei auch die ein oder andere altertümliche Wunderpflanze neu für sich entdecken. Also: Nichts wie rein damit in den Mixer!

HEIMISCH UND EXOTISCH

Superfoods sind wahre Alleskönner! Sie stecken oft voller Chlorophyll und liefern eine Reihe wichtiger Vitamine, Mineral- und Ballaststoffe sowie Antioxidantien. Auch wenn sie meist nicht gerade günstig sind, handelt es sich hierbei um eine lohnende Investition in Gesundheit und Energie. Das Tolle: Es muss nicht immer exotisch und extravagant sein, so manches heimische Superfood wächst direkt vor der eigenen Haustür oder ist hierzulande sehr preiswert zu bekommen.

SPANNEND UND LECKER

Wie spannend, nach und nach neue Zutaten zu erforschen und auszuprobieren! Manche fallen durch ihren süßen Geschmack auf, andere haben fast gar keinen Eigengeschmack, steigern aber das Energielevel umso mehr. Superfoods liefern das Beste, was die Natur zu bieten hat, und geben zusätzlich spannende Einblicke in das wertvolle Heilwissen verschiedener Ur-Völker und Kulturen.

SUPERFOOD = SUPERGUT

Minze, Kurkuma und Granatapfel: Superfoods sind eine echte Bereicherung für den Alltag und sehr gesundheitsfördernd. Die Powerfoods wirken oft entgiftend, reinigend oder einfach nur aufmunternd. Wer gerne Exotisches probiert, findet in Bioläden mittlerweile eine große Auswahl. Schonend getrocknete Beeren und Kräuter sind im Winter oder auf Reisen eine gute Alternative zu frischer importierter Ware. Wichtig ist, dass man Smoothies immer langsam trinkt: So können Nährstoffe besser aufgenommen werden.

DIE GERÄTE

Wer regelmäßig Smoothies zubereitet, sollte durchaus in einen Hochleistungsmixer investieren. Manche Zutaten lassen sich zwar auch mit einem handelsüblichen Mixer pürieren, oft werden diese dann aber nicht so cremig und verbleiben als kleine Stückchen im Smoothie. Vor allem frische Kräuter und Blätter werden im Hochleistungsmixer gut aufgespalten und können so vom Körper besser aufgenommen werden. Der Revoblend-Mixer® z. B. braucht durch seine speziell entwickelte Zusatzklinge nur dreißig Sekunden für einen cremigen Smoothie, wodurch fast alle wichtigen Nährstoffe erhalten bleiben.

DIE REZEPTE

Die Mengenangaben der Rezepte sind auf 1–2 Portionen, ca. 300 ml, abgestimmt, können aber beliebig variiert werden. Manche mögen ihren Smoothie dicker, andere dünner. Zum Mitnehmen ist eine flüssigere Konsistenz von Vorteil, für eine Smoothie Bowl macht man die Masse einfach dickflüssiger.

SUPERFOODS MACHEN SPASS

Beim Mixen von Smoothies sollte immer der Spaß am Experimentieren im Vordergrund stehen. Vielleicht kommt der ein oder andere ja auch einmal in den Genuss, vor Ort eines dieser Wunderfoods zu probieren. Wie wäre es mit Açai-Eis in Brasilien, Kokoswasser auf Hawaii oder Aloe vera in Mexiko? So lecker!

DIE ZUTATEN

   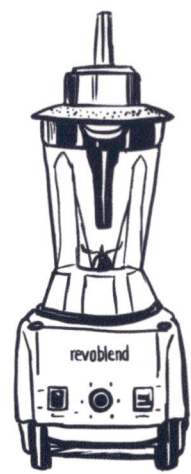

AÇAI-BEERE: In Brasilien wird die dunkellila Beere schon lange wegen ihrer gesundheitsfördernden Eigenschaften verwendet. Sie enthält Calcium, viele Antioxidantien und verschiedene Vitamine. Hierzulande verwendet man sie ausschließlich in Pulverform.

ALOE VERA: Die Wüstenpflanze steckt voller wichtiger Vitamine und Mineralien. Ihr Saft lässt sich innerlich und äußerlich anwenden. Das Tolle: Jeder kann diese Pflanze zu Hause in einem Topf ziehen.

ARONIABEERE: Die gesunde kleine Beere schmeckt herb-säuerlich und wird daher gerne mit etwas Süßem im Smoothie kombiniert. In Bioläden findet man schonend getrocknete Beeren.

BAOBAB: Die nährstoffreichen Früchte des Affenbrotbaums trocknen bereits am Baum und werden dann geerntet. Hierzulande verwendet man sie in Pulverform.

BLAUBEEREN: Ein tolles heimisches Superfood, das reich an Antioxidantien ist, entzündungshemmend wirkt und einfach lecker schmeckt! Am besten selbst gesammelt oder getrocknet.

CHIA-SAMEN: Die Samen aus Südamerika haben eine hohe Nährstoffdichte und stecken voller Omega-3-Fettsäuren.

GIERSCH: Die einheimischen Superblätter bringen den Stoffwechsel in Schwung und enthalten wertvolle Vitamine und Mineralstoffe. Auch gut als Spinatersatz!

GOJI-BEEREN: Rot, süß und supergesund! Diese Beeren dürfen in keinem Smoothie fehlen. Getrocknete Beeren vor der Verarbeitung kurz Einweichen.

GRANATAPFEL: Die Paradiesfrucht gilt als älteste Heilfrucht der Menschen. Die Kerne schmecken gut und sollen positiv auf das Herz-Kreislauf-System wirken.

GRÜNKOHL: Der Star unter den heimischen Smoothie-Zutaten gilt als eines der gesündesten Lebensmittel überhaupt. Leider ist der Kohl nur im Winter zu bekommen, der Wirsing bietet ansonsten aber eine gute Alternative.

HAGEBUTTEN: Die kleinen roten Vitamin-C-Bomben vertreiben die Frühjahrsmüdigkeit und stärken das Immunsystem. Im Hochleistungsmixer kann man die ganze Frucht verwenden. In Bioläden gibt es Hagebuttenpulver und -mus zu kaufen.

HANFPULVER/HANFSAMEN: Sie gelten als eine der besten Eiweißquellen. Samen, besonders die geschälten, und Pulver machen den Smoothie besonders cremig und schmecken sehr lecker.

HIBISKUS: Hibiskus wirkt antibakteriell, regt den Stoffwechsel an und gibt dem Drink eine wunderschöne rote Farbe. Hierzulande in Pulverform erhältlich.

KOKOSNUSS: Das Wasser der jungen Nüsse ist berühmt für Elektrolyte und eine der gesündesten Zutaten für Smoothies. Auch in Flockenform zu empfehlen.

LÖWENZAHN: Das grüne Superfood findet sich fast überall, regt die Verdauung an und wirkt reinigend auf die Leber.

MINZE: Das erfrischende Sommerkraut schlechthin mit positiver Wirkung auf den Körper. Für das gewisse Extra im Drink!

MORINGA: Dieser Baum gilt als eine der nährstoffreichsten Pflanzen der Erde. Die Blätter stecken voller Mineralstoffe, Vitamine und Proteine. Hierzulande in Pulverform (aus Wildwuchs) erhältlich.

TOPINAMBUR: Die Powerknolle ist zäh und unverwüstlich. Im Smoothie entfaltet sie ihre gesundheitsfördernde Wirkung. Sie wird auch Schlankheitsknolle genannt, weil sie unglaublich satt macht.

Blush

Die rote Aroniabeere ist der Knaller! Nicht umsonst ist sie auch unter dem Beinamen „Gesundheitsbeere" bekannt. Sie steckt voller Vitamine und Mineralstoffe und soll die Selbstheilungskräfte des Körpers unterstützen. Trotz ihrer leichten Bitterkeit schmeckt sie in dieser erfrischenden Kombination besonders lecker!

Apfel

100 ml Wasser

2 EL Aroniabeeren

30 g

ROTE BETE

2 EL GESCHÄLTE Hanfsamen

2 ORANGEN

9

WIESENMILCH

Orange, Banane, Löwenzahn und Sprossen: Zusammen mit der Blumendeko erinnert dieser Smoothie an eine blühende Sommerwiese! Das Superfood Hanf verleiht ihm nicht nur eine angenehme Geschmacksnote, sondern ist obendrein noch richtig gesund.

~ TIPP ~

Wer mag, kann Hanfsamen auch durch ebenso gesundes Hanföl ersetzen.

❋ DEKO ❋

Gänseblümchen oder Löwenzahnblüten

4–5 BLÄTTER LÖWENZAHN

eine Banane

SPROSSEN
(nach Geschmack)

1 ORANGE

2 EL geschälte

Hanfsamen

200 ml

HAFER- ODER REISMILCH

11

After Nine

frische Minze und Kakao-Nibs – es gibt wohl kaum eine bessere Kombination! Zusammen mit dem Superfood Spinat ist dieser Smoothie nicht nur richtig köstlich, sondern auch sehr gesund, dem guten Chlorophyll sei Dank!

1 TL Kakao-Nibs

eine BANANE

10 G MINZE

etwa 20 g SPINAT

200 ml MANDELMILCH

13

WINTERBOMBE

Grünkohl ist das neue Superfood schlechthin!
Der Vitaminlieferant steckt voller Chlorophyll
und ist auch noch richtig lecker. Wer ihn
einmal im Smoothie für sich entdeckt hat,
kann gar nicht genug davon bekommen!

~ TIPP ~
Zum Nachsüßen
eignet sich Ahorn-
sirup!

14

EINE **STANGE** SELLERIE

250–300 ml Wasser

2 Blätter Grünkohl, ohne Stiel
(etwa 50 g)
alternativ Wirsing

GESCHÄLTE HANFSAMEN

1 EL

Birnen

FRAU KNOLLE

Dieser Smoothie steckt voller Power! Verantwortlich dafür ist unter anderem die heimische Wunderknolle Topinambur. Das Gemüse – auch „Sonnenwurzel" genannt – steckt voller Mineralien und Spurenelementen und ist obendrein noch sehr kalorienarm.

~TIPP~

Wer mag, kann Feldsalat auch durch Giersch ersetzen (wenn dieser Saison hat).

TOPPING: GESCHÄLTE HANFSAMEN

1 kleines Stück
INGWER
(nach Geschmack)

1 unbehandelte

1 MITTELDICKE
KNOLLE TOPINAMBUR

1 APFEL

ORANGE MIT ETWAS SCHALE

200 ml Wasser

ein paar Blätter
Giersch

½ Handvoll
feldsalat
(etwa 15 g)

SAUER POWER

Sauer macht bekanntlich lustig, oder? Die orangen, säuerlich schmeckenden Sanddornbeeren sind auf jeden Fall wegen ihres sehr hohen Vitamin-C-Gehalts total gesund! Küstenbewohner können die Power-Beeren selbst pflücken, anderenorts muss man sich mit dem Saft oder Mus aus dem Reformhaus begnügen.

⟨TIPP⟩
Wer mag, kann noch
mit Ahornsirup
nachsüßen.

100 ML
SANDDORNSAFT
(ODER 2 EL MUS)

ein Apfel

100 ml Wasser

etwa 40 g
Brokkoli

1 TL GEMAHLENE
LEINSAMEN

Saft einer

ZITRONE

(bei Verwendung
eines Hochleistungs-
mixers ungemahlen)

19

Witty Wheaty

Weizengras ist schwer im Kommen! Darin steckt Chlorophyll pur. Egal, ob in Pulver- oder Saftform: Zusammen mit Banane, Sellerie und Leinsamen ergibt sich daraus ein schmackhafter und äußerst gesunder grüner Smoothie. Wer den grasigen Geschmack nicht ganz so gerne hat, greift am besten auf Pulver anstelle des Safts zurück.

200 ml Wasser

eine Banane

2 TL
WEIZENGRAS-
PULVER (ODER
2 EL SAFT)

1 TL gemahlene Leinsamen

(IM HOCHLEISTUNGSMIXER UNGEMAHLEN)

1 EL geschälte
Hanfsamen

1 Stange Sellerie

1 Apfel

1 TL
XYLIT

BLAUMANN

Blaubeeren sind das Superfood des Sommers schlechthin! Die kleine Beere steckt voller Antioxidantien, Vitamine und ist gleichzeitig sooo lecker! Wer die Beeren selbst sammelt, kann die gehaltvollen Blätter übrigens gleich mitverwenden.

200 g Blaubeeren
(im Winter tiefgefroren)

100–200 ml Wasser

2 EL Hanfsamen

20 g

2 BLÄTTER *Mangold,* OHNE STIEL

1 TL XYLIT

ROTE BETE

Gazpacho Local

Dieser herzhafte „Suppensmoothie" ist eine gute Alternative zu fruchtig-süßen Mixgetränken. Die Zutat Giersch findet man übrigens oft im eigenen Garten. Auch wenn er bei vielen als Unkraut gilt, ist es doch ein wahres Superfood, das sich auch sehr gut als Spinatersatz verwenden lässt.

◦ TIPP ◦
Dazu passt auch gut Bärlauch (wenn er Saison hat).

¼ rote Paprika (30 g)

2 EL HANF- ODER LEINÖL

100 ml Wasser

ETWAS SALZ UND PFEFFER

¼ Gurke (130 g)

2 Zweige Basilikum

¼ TL Pimenton

eine MITTELGROSSE Tomate (100 g)

ein paar Blätter Giersch

1 EL Pinienkerne

25

Ewige Jugend

Hagebutten sind das perfekte Powerfood für den Herbst. Im
Sommer kann man den Anblick der herrlichen Rosen genießen
und später deren Superfood-Qualität als Frucht verwenden.
Die kleinen leuchtenden Kraftpakete haben einen sehr hohen
Vitamin-C-Anteil und stärken das Immunsystem.

~ TIPP ~

Wer mag, kann
noch eine Orange
dazugeben.

1 EL geschälte Hanfsamen

250–300 ml Wasser

1 EL Hagebuttenpulver

1

4-5

Apfel

30–40 g Fenchel

WALNÜSSE

8–10 Hagebutten oder 1 EL Hagebuttenpulver

27

Deko: Kokosflocken

~ TIPP ~
Wenn man die Masse
einfriert, erhält man
ein leckeres Eis!

BAHIA BABY

Açai, Kakao, Paranüsse und Kokos! In diesem herrlich tropischen
Sommerdrink spenden gleich vier brasilianische Superfoods Power
pur! Die Superbeere Açai entdeckten übrigens die Surfer, da sie
viel Energie liefert und man so länger auf den Wellen reiten kann.
Also, nichts wie los und ausprobieren!

60 g rote TRAUBEN

3–4 PARANÜSSE

200 ml
Reis-Kokos-Milch
oder
Kokoswasser

1 EL AÇAÍ-PULVER

1 TL
Kakao-Nibs

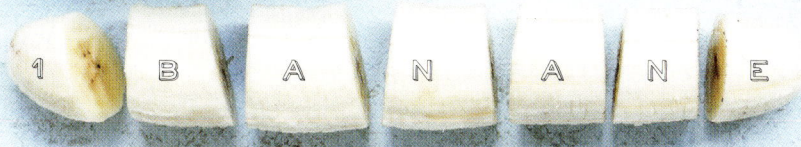

1 BANANE

BAOBABALU

Der Baobabbaum, oder Affenbrotbaum, ist seit Jahrhun-
derten in Afrika für seine Heilwirkungen berühmt und
wird deshalb auch oft Baum des Lebens genannt. Das
Pulver der Früchte ist aber auch ein wahrer Alleskönner
und enthält viele wertvolle Vitamine und Antioxidantien.

1 EL Avocado

Saft einer **halben** Zitrone

EINE

KIWI

2 EL Kokosflocken

1 EL *Baobabpulver*

200–250 ml *Wasser*

ca. 200 g ANANAS

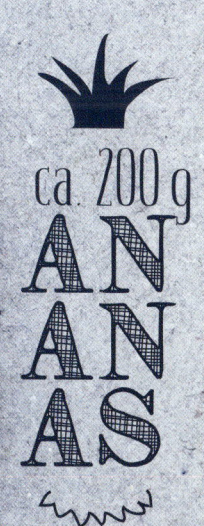

Papa Goji

Was für ein Power-Cocktail! Die kraftvolle Goji-Beere, die energiegebenden Chia-Samen und das Superfood Lucuma. Die süße Lucuma-Frucht mit Karamellgeschmack stammt aus den Anden, gilt als Heilmittel für die Haut und ist wegen des niedrizen glykämischen Index auch als Süßungsmittel für Diabetiker geeignet.

2 EL GOJI-BEEREN

1 TL LUCUMA-PULVER

1 Banane

1 EL Chia-Samen

rote paprika

1/4

250 ml Hafer- oder Reismilch

optional: 1 TL Kokos- blütenzucker

33

Hibis Kuss

∾ TIPP ∾
Statt Hibiskuspulver lassen sich auch die einheimischen Malven-blüten verwenden.

Dieser Smoothie versprüht Haiwaii-feeling pur! Granatapfel und Hibiskus sehen nicht nur toll aus, sondern stecken voller guter Inhaltsstoffe und verleihen dem Drink eine leckere farbe! Wer wünscht sich da nicht an den Strand? Aloha!

rote **Trauben**

40G

330 ML
KOKOSWASSER
(1 KLEINE PACKUNG)

1EL
Hibiskuspulver

30 g Rotkohl

1TL
KOKOSBLÜTEN-
ZUCKER

Granatapfelkerne

von einer Frucht

Hot Amiga

Hier kommt ein Viva-la-Mexico-Cocktail voller Power! Aloe vera ist eine tolle Wunderpflanze, die gerne innerlich und äußerlich angewandt wird: Der Saft der Wüstenlilie reinigt das Blut und steckt voller Mineralstoffe und Vitamine. Bei Sonnenbrand wirkt er wunderbar kühlend auf der Haut.

1

Schuss LIMETTENSAFT

etwa ½ Handvoll *Koriander*

1 EL *Avocado*

ALOE-VERA-SAFT

100 ml

1 TL **Kakao-Nibs**

Cayenne 1 Prise

200 ml Wasser

200 g Ananas

optional.: EINE PRISE CHIPOTLE *(frisch gerieben oder als Pulver)*

Maca LATTE

Maca ist einfach wunderbar! Diese Superknolle stammt ursprünglich aus den Anden und steckt voller Power! In Pulverform in den Smoothie gemischt, schenkt dieser Drink viel Durchhaltevermögen an stressigen Arbeitstagen und hält geistig fit. Zusammen mit den süßen Datteln eine leckere Erfrischung für turbulente Zeiten!

~ TIPP ~
Wer mag, kann noch mit etwas Kardamom nachwürzen.

MILK

JUICE

Deko-Tipp:
Kakao-Nibs

1 TL
MACAPULVER

1
Prise Zimt

1 EL Chia-Samen

200 ml
Mandelmilch

4-5 Datteln

1 2 3 4 5

1
Orange

39

MOTHER INDIA

Kurkuma, auch indischer Safran genannt, ist eine absolute Wunderknolle und darf in diesem würzigen Smoothie natürlich nicht fehlen! Der Wirkstoff Kurkumin soll unter anderem Entzündungen vorbeugen und Magen-Darm-beschwerden lindern. Zusammen mit Ingwer und Koriander ergibt sich so ein indisch angehauchter Drink vom feinsten.

ein Stück Kurkuma (etwa 1 cm)

½ TL Zimt

ein kleines Stück INGWER

2 EL KOKOSÖL

5 – 6

10 g Koriander

DATTELN

300 ml Mandelmilch

PISTACCHINO

Wie wäre es mit einem gesunden Cappuccino-Smoothie? Das wertvolle Moringapulver statt Kaffee, Hafer- oder Reismilch statt Kuhmilch und Kokosblütenzucker statt weißem Zucker! Die extravagante Geschmacksnote: Pistazien!

1 Banane

1 TL
Moringa-
pulver

1 TL
Kokosblütenzucker

2 EL *rohe*
PISTAZIEN
(etwa 25 g)

½ *Handvoll*
Pak Choi
{OHNE STIEL}
alternativ: Feldsalat

200 ml
Hafer- oder
Reismilch

43

Sex on the Peach

Kokosnuss: Superfood und Supergeschmack in einem! Kokoswasser ist ein gesunder Durstlöscher, der reich an Elektrolyten und deshalb gerade bei Sportlern sehr beliebt ist. Auch Kokosflocken und Raspeln machen sich wunderbar im Smoothie und stecken voller Antioxidantien und Nährstoffe. Ein wahrer Powerdrink: tropisch, lecker und sehr gesund!

330 ml
Kokoswasser
(1 kleine Packung)

Saft einer halben Limette

1/2
Banane

2 EL
Kokosflocken

ZWEI

Pfirsiche

¼ TL
Kardamom

45

Café Verde

Grüner Kaffee? Na klar! So gehts: Die Kaffeebohnen werden nicht geröstet, sondern nach dem Trocknen direkt weiterverarbeitet. Das Tolle: Grüner Kaffee senkt den Blutdruck, regt den Stoffwechsel an und gilt als Schlankmacher. So oder so: Dieser Kaffee-Smoothie macht wach und schmeckt richtig gut.

~TIPP~
Für eine grünere Farbe noch 1-2 Spinatblätter dazugeben.

1 PRISE KARDAMOM

1 EL Kokosblütenzucker ODER Ahornsirup

1 TL Kakao-Nibs

1 EL Grüner Kaffee (fein gemahlen)

COFFEE

2 EL KOKOSMUS

250 ml Mandelmilch

¼ TL Zimt

1 TL LUCUMA-PULVER

ÜBER DIE AUTORIN

Irina Pawassar (www.smoothirina.com) bereitet seit vielen Jahren Smoothies für Familie und Freunde zu und gibt regelmäßig Smoothie-Workshops. Sie absolvierte eine Ausbildung zum „Raw Food Chef" (Vitalkostkoch) in den USA und hat auf etlichen Seminaren in Irland Vitalkost „geunkocht". Mit ihrer Begeisterung für einfache, aber supergesunde Ernährung konnte sie schon viele anstecken. Als Chefköchin im Münchner Restaurant „Gratitude" kreierte sie viele farbenfrohe Smoothies und brachte dabei immer wieder das wichtige Chlorophyll mit ein. Eine Grippe hatte sie seit sechs Jahren nicht mehr.

Der **Revoblend RB500** ist der Ferrari unter den Mixern und ideal geeignet für das Zubereiten von Raw-Food-Mahlzeiten und Smoothies. Der Sockel besteht aus hochwertigen Materialien und ist somit sehr belastbar, der Mixbehälter mit zwei Liter Fassungsvermögen ist garantiert bpa-frei, da er aus Tritan-Kunststoff gefertigt wurde. Mit seinen sechs Klingen mit Wellenschliff macht der Revoblend vor nichts halt: Jede Form von Obst, Gemüse, Blattgrün, sogar Kerne, Nüsse oder Getreide zerkleinert er zu einer cremigen Masse. Bei 38.000 Umdrehungen pro Minute bleiben aufgrund der kurzen Mixzeit alle wertvollen Nährstoffe erhalten. So ist auch die beliebte Mandelmilch schnell selbst hergestellt, und das widerspenstigste Kohlrabi-grün wird fix zum Green Smoothie gemixt.

Danke an www.rohebohne.de für das Zur-Verfügung-Stellen des Grünen Bio-Kaffees.

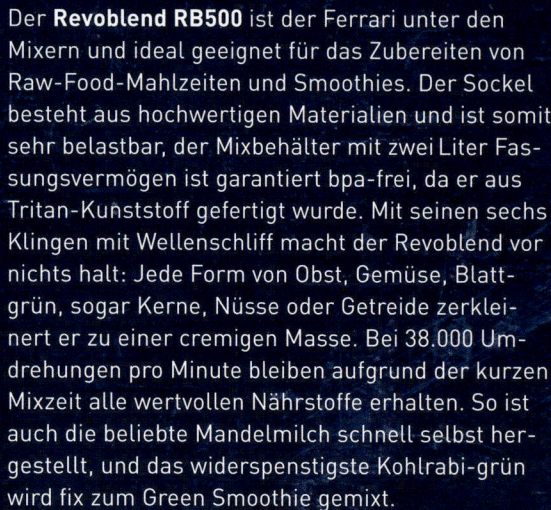